EDIT

TIE

ESCENÓGRAFO

I FRANCO MüLLER

CATÁLOGO

2008 — 2014

DISEÑO ESCENOGRÁFICO

CATÁLOGO

Primera edición en Puerto Rico: octubre de 2014

www.israelfrancomuller.com

PO Box 368065
San Juan, Puerto Rico 00936-8065

www.editorialtiemponuevo.net
etiemponuevo@gmail.com

ISBN: 9781502799821

Editor: José Luis Figueroa
Diseño de catálogo: Lionel Ortiz Meléndez
Hecho en Puerto Rico

EDITORIAL
TIEMPO NUEVO

ESCENÓGRAFO

I FRANCO MüLLER

CATÁLOGO
2008 — 2014
DISEÑO ESCENOGRÁFICO

GUY CLAUDE FRANÇOIS

"Los escenógrafos crean una metamorfosis; su inteligencia sensorial y sus diseños surgen del estudio del texto."

ADRIANNE LOBEL

"El papel de escenógrafo es idéntico al de un arquitecto conceptual: creamos una estructura sobre la cual, y dentro de la cual, muchas personas, incluyéndonos a nosotros mismos, podemos continuar teniendo ideas."

MARIA BJÖRNSON

"En el escenario se trata de descubrir cuales son los problemas haciendo las preguntas correctas. A partir de aquí, se avanza hacia lo visual."

ÍNDICE

ISRAEL FRANCO-MÜLLER

Egresado con el título de Magister en Diseño Teatral de la Universidad Complutense en Madrid, Israel Franco-Müller es un hacedor del teatro que se destaca en diferentes facetas del mismo. Nació en San Juan, Puerto Rico y obtuvo su bachillerato en el Departamento de Drama de la Universidad de Puerto Rico. Posee una maestría en Técnica Actoral de Minsk, Bielorrusia. Actualmente se desempeña como profesor y diseñador de escenografía y luces en su Alma Mater. En su corta carrera se ha destacado por sus diseños en obras como *Bodas de Sangre* de Federico García Lorca, *Don Quijote* en su versión musical, *Los titingós de Juan Bobo* de Carlos Ferrari, *Desde Toledo a Madrid* de Tirso de Molina y la *Ópera de los tres céntavos* de Bertolt Brecht, entre otras producciones.

La publicación que tienes entre tus manos es el resultado de una cuidadosa selección de proyectos escenográficos y luminotécnicos. Es una compilación de imágenes que te invita a emprender un recorrido cronológico por mi trayectoria como diseñador novel del teatro puertorriqueño.

Tras varios años como profesor de diseño en la Universidad de Puerto Rico, me surgió la oportunidad de escoger una serie de trabajos realizados durante mi carrera y de poder sacarlos a la luz con este libro.

Este "catálogo" inagura una colección seriada —que espero disfrutes tanto como yo— de mis proyectos, a partir de mi primer diseño como estudiante universitario, en el 2008, hasta toparnos con trabajos más recientes. De este modo, se logra mostrar mi evolución como escenógrafo e iluminador, *ergo*, mi crecimiento como artista.

El propósito de este cátalogo no es señalar ni mucho menos cómo se debe trabajar, ni cuáles son las pautas a seguir para lograr un diseño bueno o funcional. La intención no es otra que mostrar mi experiencia por medio de mis obras, con el fin de servir de estímulo a todo aquél que aspira a iniciarse en el diseño teatral. De este modo, se puede observar cómo el tiempo y la práctica perfeccionan la técnica. Es, además, una aportación histórica al quehacer teatral de Puerto Rico, por el ser esta la primera publicación de trabajos escenográficos por un diseñador puertorriqueño.

Profesor Israel Franco-Müller
Universidad de Puerto Rico
Recinto de Río Piedras
Facultad de Humanidades
Departamento de Drama
www.israelfrancomuller.com

DEDICATORIA

Dedico lo que soy de manera visual, olfativa, sonora y táctil, a ellos, de los que he tomado como ejemplo de vida. A María Iris Violeta Müller Cotto, Israel Franco Nieves, David Esperón, Dean M. Zayas, Felix Vega Miranda y a mi batallón de ángeles, "los brothers". Gracias.

La primera característica en los diseños escenográficos de Israel Franco-Müller que salta a la vista es el abandono de la tradicional escenografía de tres lados tan en uso en las producciones teatrales desde el surgimiento del teatro realista para la primera mitad del siglo diecinueve, para dar paso a un estilo que sugiere un "más allá" del espacio representado. Aún en escenificaciones que bien podrían haberse resuelto de esta forma tradicional como lo son el caso de *Conversaciones con mamá* y *La tía de Carlitos* el joven escenógrafo recurre al realísmo poético o fragmentado para invitar al público a participar del juego teatral. Si observamos los primeros trabajos de Franco-Müller nos damos cuenta que fueron diseñados para espacios no convencionales o tradicionales como el área de actuación del legendario "Teatro Rodante" de la Universidad de Puerto Rico o la del"Julia de Burgos" en el Departamento de Drama de dicha universidad. Estos trabajos marcan un estilo escenográfico que distingue sus mejores trabajos de los de cualquier otro escenógrafo de su generación.

Por el uso o selección de colores para darle vida a sus diseños creando una luminosidad única aún sin la ayuda de los instrumentos de iluminación teatral, los diseños de Israel se distinguen como suyos de inmediato. Los azules y los naranjas en todas sus tonalidades salpicados del marrón o el verde son característicos de estos trabajos que crean un estilo muy propio y rápido en comunicar al público el ambiente, el sitio, la atmósfera y situar a los actores y a sus personajes en su espacio o lugar de acción

Estos diseños escenográficos de Israel Franco-Müller por su aliento poético, traen a mi memoria aquellas creaciones únicas de los maestros Carlos Marichal y Checo Cuevas para nuestra escena nacional.

Así, que doy la bienvenida a la publicación de esta selección de trabajos de Israel Franco-Müller confiriéndole el título de *diseñador*. O sea, *Israel Franco-Müller*, **Diseñador**. (en puertorriqueño)

Dean M. Zayas
9 de Octubre del 2014

Victoria Espinosa Torres

4 de Octubre del 2014

"La diversificación de esta muestra pictórica de Israel Franco Müller, joven escenógrafo puertorriqueño, es más que suficiente para comprobar que el Departamento de Drama de la Universidad de Puerto Rico, acertó al solicitar sus servicios como profesor de esa facultad."

MENSAJE

Si algún día vuelvo a dirigir teatro me gustaría poblar el espacio escénico con un trabajo de Israel Franco-Müller. Estudiar sus 19 diseños de escenografía ha sido un deleite. Algo así como leer un libro que no quisiera terminase. A través de diversos estilos en el diseño, captamos la esencia de la pieza teatral. El mapa de España, pintado como fondo del escenario del Teatro Rodante Universitario, muestra la ruta a recorrer por ese simpático pero bribón protagonista de " El Lazarillo de Tormes". También como fondo, una pintura de ramas secas recuerda brazos clamando justicia, quizás dedos gritando de angustia. Dos figuras en metal retorcido, la enorme corona, también de metal retorcido, que cuelga sobre el escenario auguran la inútil fuga y el trágico final de "Bodas de sangre". El brillante colorido de nuestra flora sirve de marco para los recuerdos de una feliz niñez en "Los titingós de Juan Bobo" de Carlos Ferrari. También está presente ese tratamiento escénico en los cuentos infantiles de Josean Calderas. !Qué hermosura pictórica llena la imaginación de nuestros niños! A Shakespeare lo vemos en una copia de El Globo, su teatro situado en el Londres de finales del siglo XVI y comienzos del XVII. Disfrutamos de " La dama boba" de Lope ante un bellísimo entretejido de madera pintado en tonos rosados y un piso en colores similares. Todo tan complejo como la trama de la comedia. John Gay y Brecht estarían de plácemes. Tablones pintados con formas, colores y sombras son dedos acusadores hacia una sociedad enferma de corrupción en "La opera de tres centavos".

Bienvenido Israel Franco-Müller, digno heredero de una excelente línea de artistas escenográficos de Puerto Rico.

Myrna Casas
4 de octubre de 2014
San Juan de Puerto Rico

EL LAZARILLO

1

Adaptación de José Luis Ramos Escobar

(19 de diciembre de 1950, Guayanilla, Puerto Rico)

El lazarillo (texto original, El lazarillo de Tormes, Anónimo) Adaptación a versión musical por José Luis Ramos Escobar.

El lazarillo— Carromato del Teatro Rodante de la Universidad de Puerto Rico, Recinto de Río Piedras, Plaza Baldorioty de Castro.

SALAMANCA
SEGOVIA
AVILA
MADRID
Toledo
Alcalá de Henares

BODAS DE SANGRE

2

de Federico García Lorca (Fuente Vaqueros, Granada, 5 de junio de 1898-entre Víznar y Alfacar, Granada, 18 de agosto de 1936)

Bodas de sangre se presentó en el teatro del Centro de Bellas Artes de Caguas, Puerto Rico. Diseño de Iluminación: "Toni" Fernández

THE PEARL

de John Steinbeck (California, Estados Unidos, 27 de febrero, 1902 – diciembre 20, 1968)

3

Boceto diseñado para presentarse en el teatro del Centro de Bellas Artes de Caguas, Puerto Rico.

(Boceto 3D)

EL DÚO DE LA AFRICANA

4

Música de Manuel Fernández y libreto de Miguel Echegaray

El dúo de la africana es una zarzuela en un acto, divididos en tres cuadros, con música de Manuel Fernández Caballero y libreto de Miguel Echegaray. Se estrenó con gran éxito en el Teatro Apolo de Madrid, el 13 de mayo de 1893.

El Dúo de la Africana — Cuadro del segundo acto diseñado para el escenario del Teatro Guimerá en Tenerife, Islas Canárias. Diseño hecho durante mis estudios de maestría.

I'L CAPELLO DE PAGLIA DI FIRENZE

5

de Nini Rota

(Giovanni Rota Rinaldi: Milán, 3 de diciembre de 1911 - Roma, 10 de abril de 1979)

Diseño hecho durante mis estudios de maestría
en la Universidad Complutense en Madrid, España.
(maqueta)

Ill capelo di paglia — es una ópera con música de Nino Rota, sobre libreto del compositor y de su madre Ernesta Rinaldi, basada en la obra *Un chapeau de paille d'Italie* de Eugène Labiche y Marc Michel. La ópera, escrita en el año 1945, no se puso en escena hasta el año 1955. Se estreno en el Teatro Massimo de Palermo el 21 de abril de 1955.

LIGAZÓN Y ROSA DE PAPEL

6

de Ramón de María del Valle-Inclán (Villanueva de Arosa, 28 de octubre de 1866 – Santiago de Compostela, 5 de enero de 1936)

Ligazón y Rosa de papel, se presentó en septiembre de 2011, en el Teatro Julia de Burgos, Departamento de Drama de la Facultad de Humanidades, Universidad de Puerto Rico, Recinto de Río Piedras. Diseño de Iluminación: Israel Franco-Müller

LOS TITINGÓ DE JUAN BOBO

7

de Carlos Ferrari (Buenos Aires, 29 de julio de 1931)

Los titingó de Juan Bobo, se presentó en diciembre de 2011 en la Sala René Marqués del Centro de Bellas Artes de Santurce, San Juan, Puerto Rico.
Diseño de Iluminación: Eduardo Bobrén Bisbal

PLATERO Y YO

8

de Juan Ramón Jiménez

(Moguer, Huelva, 23 de diciembre de 1881 – San Juan, Puerto Rico, 29 de mayo de 1958)

Platero y yo, se presentó en abril de 2012 en la sala de teatro "The Terrace" en el Kennedy Center, Washington DC. Donde fue nominado como mejor diseñador de iluminación y escenografía.

Detalle de piso — Para esta escenografía desarrollé una unión visual entre el espacio escénico, luces, máscaras y el vestuario. Un vínculo en donde pudiera coexistir, sin que ningún elemento colocado en escena sobresaliera en ningún momento y se mantuviera un equilibrio visual agradable. Así que mientras hacía el montaje de los paños que caen de manera vertical, se me ocurrió hacer un tablado con todas las tonalidades propuestas por el diseñador del vestuario y las máscaras, buscando un contraste horizontal que enriqueciera pictóricamente el espacio, cuando estuviera ocupado o vacío.

Teatro Julia de Burgos,
Departamento de Drama,
Facultad de Humanidades,
Universidad de Puerto Rico,
Recinto de Río Piedras.
Diseño de Iluminación:
Israel Franco-Müller

ROMEO Y JULIETA / HAMLET

9

Obras de William Shakespeare (Stratford-upon-Avon, Warwickshire, Reino Unido c. 26 de abril de 1564 — 3 de mayo de 1616)

Romeo y Julieta / Hamlet, se presentó en octubre de 2012 en el Teatro Julia de Burgos, Departamento de Drama de la Facultad de Humanidades, Universidad de Puerto Rico, Recinto de Río Piedras. Diseño de Iluminación: Israel Franco-Müller

DE LA LOQUERA Y LA LOCURA A LA CORDURA

10

de Raúl Carbonell "Hijo" (Puerto Rico)

De la loquera y la locura a la cordura, se presentó en octubre de 2012, en el Teatro La Perla, Ponce, Puerto Rico.
Diseño de Iluminación: Cheryl M. Robles / Co-Diseñador: Israel Franco-Müller

FUERA DE JUEGO

11

de Alejandra Ramos Riera (Viejo San Juan, Puerto Rico, c. 14 Abril de 1986)

Fuera de juego, se presentó en diciembre de 2012 en la Sala Beckett, Río Piedras, Puerto Rico. Diseño de Iluminación: Israel Franco-Müller (Boceto 3D)

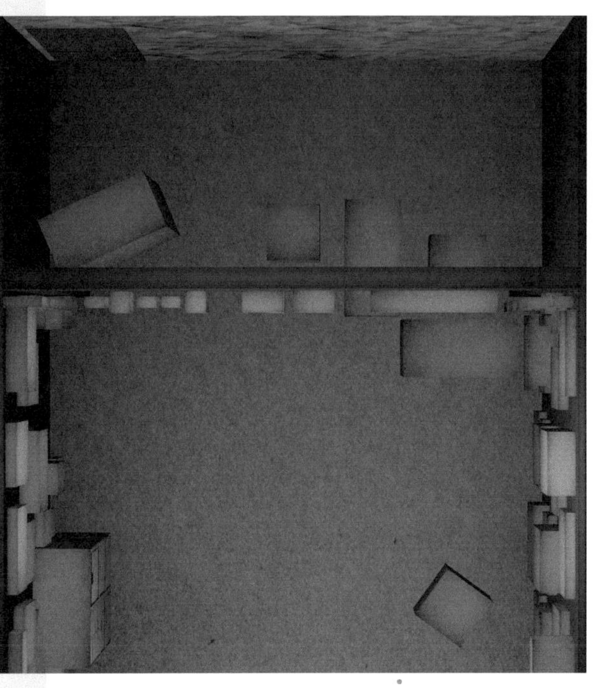

LA TÍA DE CARLITOS

12

de Brandon Thomas

(Liverpool, Inglaterra, 24 December 1848 – Londres, 19 June 1914)

La tía de Carlitos, se presentó del 18 — 28 de octubre de 2012, en el Teatro de la Universidad de Puerto Rico, Recinto de Río Piedras. Diseño de Iluminación: Israel Franco-Müller

LA ABEJITA PREGUNTONA

13

de Jhosean Calderas, (Puerto Rico)

La abejita preguntona en: *¿Qué es el jardín?*, se presentó en febrero de 2013 en el Teatro Yagüez. Mayagüez, Puerto Rico. Diseño de Iluminación: Angelina Rodríguez / Co-Diseñador: Israel Franco-Müller

21 de marzo
al
21 de junio

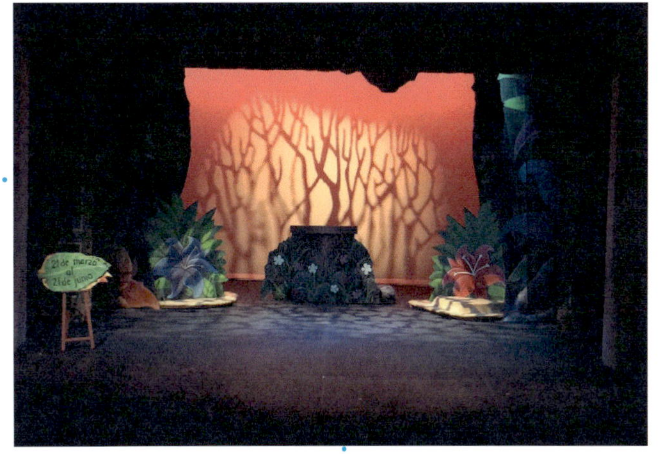

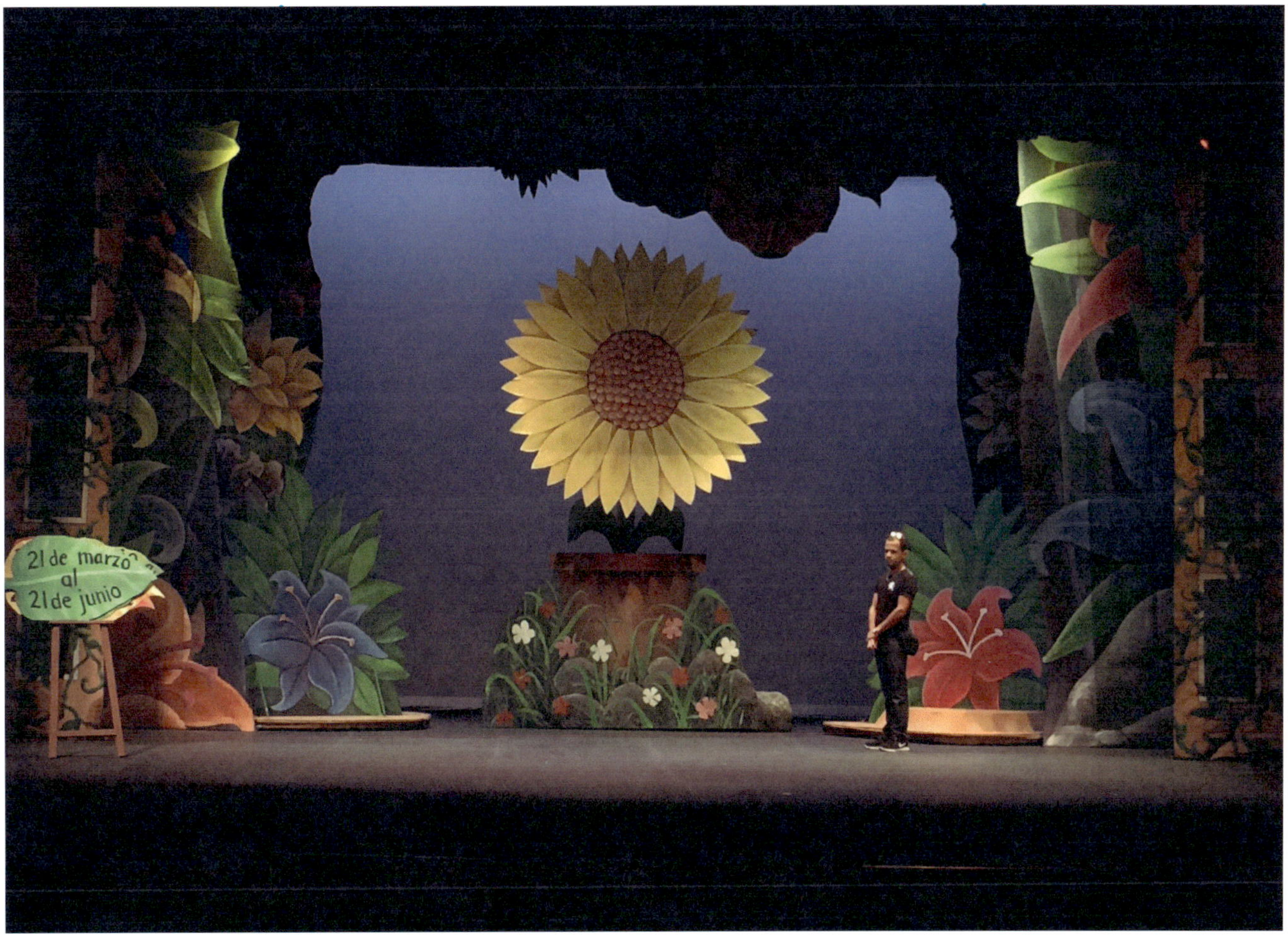
21 de marzo
al
21 de junio

LOS VALORES Y COLORES DE LA ORUGUITA DOLORES

14

de Jhosean Calderas, (Puerto Rico)

Los valores y colores de la oruguita Dolores, se presentó en Febrero de 2013, en el Centro de Bellas Artes de Guaynabo, Puerto Rico. Diseño de Iluminación: Israel Franco-Müller

LA DAMA BOBA

de Lope de Vega

(Madrid, España, 25 de noviembre de 1562-ib., 27 de agosto de 1635)

15

La Dama Boba, se presentó en septiembre de 2013, en el Teatro Julia de Burgos, Departamento de Drama, Facultad de Humanidades, Universidad de Puerto Rico, Recinto de Río Piedras. Diseño de Iluminación: Israel Franco-Müller

EL VIEJO Y EL MAR

16

de Ernest Hemingway

(Oak Park, Illinois, 21 de julio de 1899 – Ketchum, Idaho, 2 de julio de 1961)

El viejo y el mar - Maqueta - sala / espacio no definido.

"Un buen escenográfo debe poseer muchas y muy variadas cualidades, entre las que cabe destacar: espíritu observador, para saber mirar y admirar la naturaleza y poder así extraer de ella los detalles que han de resaltar su creación escénica; gran sensibilidad, para saber sentir, en cada caso, el efluvio o mensaje de la obra; poder de adaptación a la psicología y ambiente de la misma; elegancia en la línea de sus concepciones y buen gusto en la elección y combinación de los colores; pero, ante todo y por encima de todo, debe poseer el escenógrafo un gran sentido creador, para superarse en todo instante y renovarse a cada momento, ya que en la lucha por la originalidad de la creación está el verdadero aliciente de la escenografía."[1]

1-José Mestres Cabones y Andrés Velvé Ventosa, "Los decorados", en El Teatro, Enciclopedia del arte escénico, dirección Guillermo Díaz Plaja (Barcelona: Editorial Noguer, 1958), p.232

CONVERSACIONES CON MAMÁ

17

de Santiago Carlos Oves, versión teatral de Jordi Galcerán

Sala de Teatro René Marqués del Centro de Bellas Artes de Santurce.
Diseño de Iluminación:
"Quique" Benet

CRISTO 33

18

de Doel Ramírez (14 septiembre de 1978, Ponce, Puerto Rico)

Cristo 33, Se presentó en 2014 en el Centro de Bellas Artes Ada Mages de Juana Díaz, Puerto Rico.
Diseño de Iluminación: Raymond Batista

Teatro: Sala de festivales CBA Santurce
Obra: Crixto 33
Fecha: Abril /2014 Pagina 1
Escala: --------------
Por: *Israel Franco-Müller*

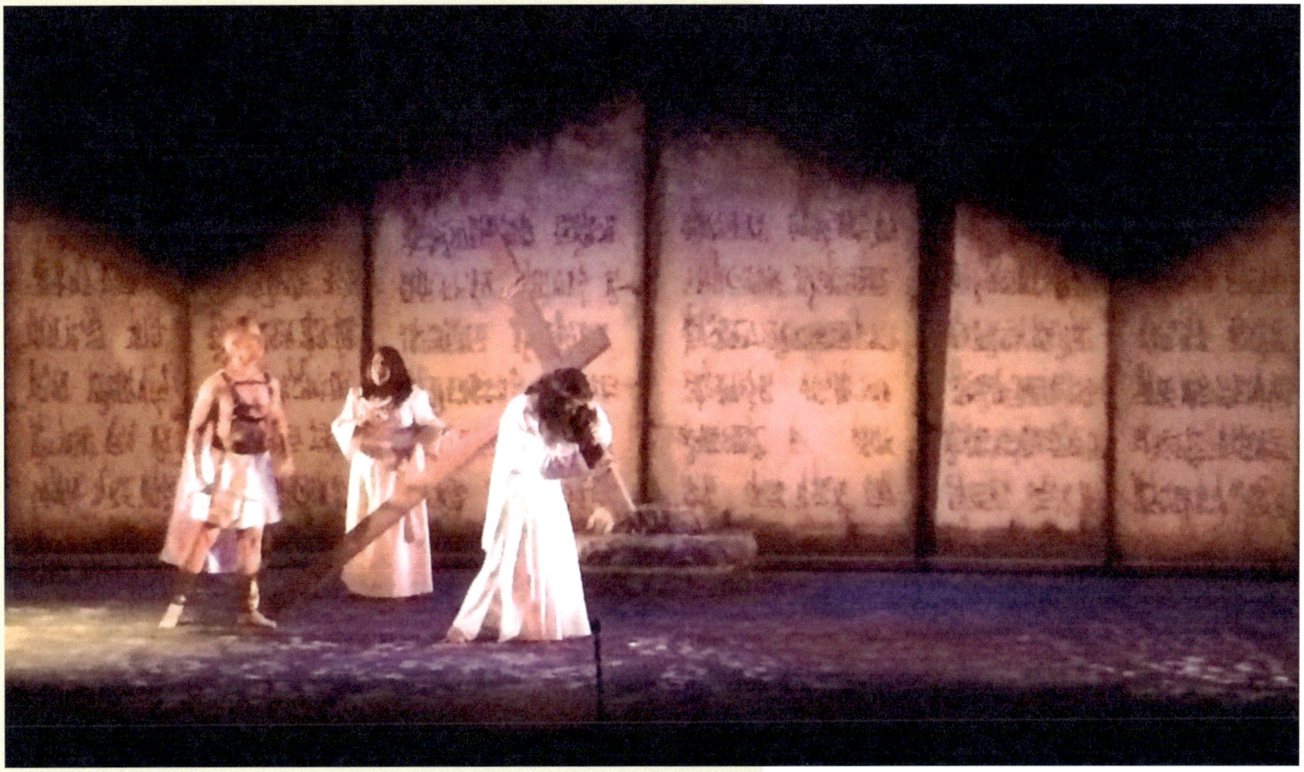

LA ÓPERA DE TRES CENTAVOS

19

de Bertolt Brecht (Augsburgo, 10 de febrero de 1898 – Berlín Este, 14 de agosto de 1956)

La ópera de tres centavos, se presentó en septiembre de 2014 en la Sala de Teatro René Marqués, del Centro de Bellas Artes de Santurce.
Diseño de Iluminación: Eduardo Bobrén Bisbal

Nota: Este es el boceto original. Las alturas de las plataformas se han modificado. Las alturas son las siguientes; plataforma de la izquierda tendrá 8'-00" de alto, la central 9'-00" y la de la derecha 8'-00". Todo sujeto a cambios por el director. Para saber las alturas de los elementos, ver la cuadrícula que está en el boceto ligeramente marcada.

Israel Franco-Müller
La Opera de los tres centavos
Sept. 2014 No Scale
Driector: Vicente Castro CBA, Santurce

3
PENNY
OPERA

3
PENNY
OPERA

¡QUE VIVAN
LOS
NOVIOS!

Made in the USA
Columbia, SC
11 November 2024